푸른사상
시선
65

돌의 연가

김석환 시집

푸른사상 시선 65

돌의 연가

인쇄 · 2016년 4월 20일 | 발행 · 2016년 4월 25일

지은이 · 김석환
펴낸이 · 한봉숙
펴낸곳 · 푸른사상
주간 · 맹문재 | 편집 · 지순이 | 교정 · 김수란

등록 · 1999년 7월 8일 제2-2876호
주소 · 서울시 중구 충무로 29(초동) 아시아미디어타워 502호
대표전화 · 02) 2268-8706(7) | 팩시밀리 · 02) 2268-8708
이메일 · prun21c@hanmail.net / prunsasang@naver.com
홈페이지 · http://www.prun21c.com

ⓒ 김석환, 2016

ISBN 979-11-308-0619-8 04810
ISBN 978-89-5640-765-4 04810 (세트)

값 8,000원

☞ 저자와의 합의에 의해 인지는 생략합니다.
이 도서의 전부 또는 일부 내용을 재사용하려면 사전에 저작권자와 푸른사상사의 서면에 의한 동의를 받아야 합니다.
이 도서의 국립중앙도서관 출판시도서목록(CIP)은 서지정보유통지원시스템 홈페이지(http://seoji.nl.go.kr)와 국가자료공동목록시스템(http://www.nl.go.kr/kolisnet)에서 이용하실 수 있습니다. (CIP제어번호 : CIP2016008574)

돌의 연가

| 시인의 말 |

……

그대는 타는 목을 적시느라 물을 다 비운 유리잔 투명한 바닥을 내 가슴이라 여기길 나는 목심을 썩히고 썩힌 고사목이 바람이 불면 들려주는 뼈 피리 소리가 그대 목소리인 줄 알고 늘 귀를 씻고 기다리겠네 꽃도 다 지고 눈이 내려 평행선을 긋던 그대와 나의 발자국을 지워주겠네

비로소 우리는 이름을 버리고 눈에 묻혀 함께 잠들겠네

— 시 「돌의 연가」 중에서

| 차례 |

■ 시인의 말

제1부

13   물의 눈
14   백지 위의 유목민
16   설산 미라 아이스맨 외치(The Ice Man Oetzi)
18   향초를 태우며
20   단추를 달면서
22   호두
24   담석증 진단 보고서
26   이명증
28   지렁이 타령
30   절벽의 오리나무
32   샌드위치가 쓰다
34   새끼 낙타를 그리며
36   돌의 연가
38   야행성 나무들
40   수상한 밤

| 돌의 연가 |

제2부

43　산정 유감
46　싱싱한 어제
48　허수아비 영농일지
50　감자꽃 타령
52　Super moon
54　신공무도하가(新公無渡河歌)
56　'탕(湯)의 화(花)' 제조법
58　자전거 보관소 풍경
60　쐐기
62　두꺼비 육아법
64　목련꽃 번데기
66　그늘의 행로
68　제비콩 덩굴탑

| 차례 |

제3부

73 교차로 점경
74 둔배미 하오
76 연못 요새
78 어떤 재회
80 종로의 콘도르
82 자장가
84 멧돼지 회식의 추억
86 느티나무 공법
88 똥 퍼 장로님
90 장마를 기다리다
92 의문형 낙엽
94 물맛
95 암거래
96 미아리 사루비아꽃

| 돌의 연가 |

제4부

101   비비추
102   그, 마을
104   고원의 밤
106   허가(許家)바위
108   새 문장론
110   빛과 어둠 사이
112   천사의 나팔꽃(Angel's Trumphet)
114   족두리풀꽃
116   메꽃 광신녀
118   섬초롱꽃
120   겨울 청간정
122   메밀국수
124   아크로폴리스에서
126   영국사 은행나무 1
128   영국사 은행나무 2
129   영국사 은행나무 3
130   영국사 은행나무 4

131   출간의 변

제1부

물의 눈

 난기류에 휩쓸려 항로를 이탈한 유람선처럼 뒤척이는 내 잠, 그 수심 밑바닥 뻘 속에 얼굴을 묻고 호명을 기다리다 지쳐 지느러미가 퇴화해버린 심해어, 수압에 짓눌린 채 삭고 있을 향유고래 똥덩이, 모두 놓치고 무늬 지워진 고대 유물 파편 몇 조각만 인양하던 쌍끌이 저인망 허술한 그물코를 비웃던, 유리창에 엉기어 붙어 스스로 증식하며 내 헛손질을 지켜보던 겹눈들

 모두 지우고 낯선 내 얼굴에 놀라 뒤돌아가는 어느 사내의 기운 어깨, 너머 울타리에 구겨진 비닐봉지만 백기처럼 펄럭일 뿐, 아무 일도 없었다는 듯 빛의 화살이 또 어둠을 살해할 뿐

백지 위의 유목민

유리창에 달이 찍어놓은
흑백 목판화 한 폭
수척해진 나뭇가지 사이에
점점이 박힌 나뭇잎의 미동

기억을 떨쳐버리기란 얼마나 힘이 드는가

구멍 난 양말을 벗고
부러진 열쇠를 버리고
탄화된 이름을 지우면
창백한 민낯으로 다가서는 백지

광풍이 잠든 툰드라에
눈발이 내려 쌓이는데
뿔을 세우고 지평선 넘어가는
허기진 순록 떼

발자국을 좇는 유목민

닳아버린 채찍 같은
몽당연필이 떨린다

{곰과 호랑이가 겨우내 먹었다는 마늘과 쑥이 없다}

깃털을 떨어뜨리고 날아가
끝내 돌아오지 않는 철새들
집 짓고 산다는 먼 마을
지도를 그리고 있다

설산 미라 아이스맨 외치(The Ice Man Oetzi)

5천 3백 년 겨울잠에서 깨어나
유리 상자 속에 누워 쉬다
자정 무렵 간선도로에 나들이 온 것일까

사슴 날고기와 허브향 진한 빵으로
허기를 채우며 종일 돌산을 오르고
동굴을 넘나들던 아이스맨 외치

사냥감을 쫓다가
사냥감이 되어 쓰러지며
다 감지 못한 눈을 닮은
속도위반 감시용 CCTV 카메라 렌즈가
가끔씩 빛을 쏜다

진로를 바꾸고 끼어들고 앞지르며
속도를 더하는 간빙기
도시 사냥꾼의 행렬을 지켜보며

긴 겨울이 오면

오늘의 증거처럼 온몸에 돌화살촉 품고

천 길 빙벽에서 당신처럼

동면에 들지도 모른다고

수만 년 후 어느 고고학자가

보고서를 쓰기 위해 그대들 주검 앞에

촛불을 밝혀주리라고

심장을 열어보고 뼈를 갈아

급히 다녀간 길

낱낱이 복원하리라고

* 아이스맨 외치 : 1991년 9월 19일 알프스 산맥 피나일 봉 아래서 독일인 등반가 헬무트 지몬과 아내 에리카가 해발 3,200m 부근 외치 계곡 빙하지대에서 발견한 미라. 뼈와 피부로 연대를 측정한 결과 5,300년 전의 석기시대인으로 밝혀졌으며 키 159센티미터 나이 46세의 남자인 그의 뼈와 근육에서 DNA를 뽑아내 분석한 결과 유럽인의 조상으로 판명되었다. 그가 발견된 지역명 Oetzi를 따서 아이스맨 외치(The Ice Man Oetzi)로 부르게 되었다.

향초를 태우며

얼마나 깊이 파들어 가면
대척점 허공에 이르는가

물질하는 해녀처럼
심지를 부여잡고 거꾸로
중심을 파고드는 불꽃

한 점 흔들림 없는 집중을
지켜보던 어둠이 머뭇거리다
스스로 물러난다

잠복한 상처 딱지
애증의 입자들이 녹으며
깊어지는 웅덩이

밑바닥을 파며
고이는 우울을 비워내도

더 깊어지는 수심

홀로 추는 춤사위를 엿보다
내려온 별 하나 심지 끝에
자리를 잡고 눌러앉는다

침묵도 오래 다지고 삭히면
물이 되고 빛이 된다고
진한 향기를 피우며

단추를 달면서

어디쯤에서 다듬이질 소리 들릴 듯 보름달
하얀 찹쌀 풀 냄새 풀어내는 밤
빈방에 홀로 앉아
양복에 단추를 단다

점점 지워져가는 손금처럼
얽힌 실타래를 풀어 찾은 실마리
비벼 바늘귀에 밀어 넣노라면
몇 차례나 어둠에 막혀 목을 꺾는다

구멍은 어디서나 기다리고
구멍은 어디에도 없는가

드디어 실을 이끌고
단춧구멍을 찾던 바늘 끝이
손톱 밑을 찔러 솟아나는 핏방울
가뭄에 피는 채송화 꽃보다 고운데

사구를 넘어가는 낙타처럼

낮게 등을 굽히고 앉아
기우는 어깨 수습하기 위해
드러나는 허위를 감추기 위해

별똥별이 유리창에 빗금을 긋는 밤
어둠의 터널을 지나
떨어진 단추를 다시 매단다

호두

어머니 산소 곁 묵정밭
풀벌레 울음 속에서 건져 온
낙과 몇 알

어느 패망한 고대 부족의 타임캡슐일까
상형문자가 새겨진 단단한 껍질
속에 아이 귀신이라도 숨어 있을까
스스로 따뜻해지며
손목을 타고 오르는 체온

맞대고 굴리려 보면 ㄷㄱㄹㄷㄱㄹ
아직 모음을 얻지 못한 채
자음만으로 옹알이를 한다

흑백사진 속
터진 바짓가랑이 사이에
부끄럼 없이 빛나는 보석

첫 걸음마를 익힐 때

흔들리며 중심을 잡아주던
진자 두 알

가끔 순환선 전철에서 졸음을 쫓아주며
지나온 역들을 되짚어보게 하는
자명종 같은

담석증 진단 보고서

−돌이 쌀과 같이 떠오르기 쉬우니
너무 세게 바가지를 흔들지 말거라

객지로 떠나는 내 등을 두드려주며
쌀 일어 밥 짓는 법 일러주던 할머니
잔기침 소리 희끗거리는 밤

내 불면증을 다스릴 약재 구하러
산촌에 간 아내도 오지 않는데
내장 어느 깊이 돌이라도 박힌 걸까
아픈 곳도 모른 채 앓는다

행여 저절로 녹고 삭아서
몸 밖으로 빠져나갈지도 몰라
앞뒤좌우로 뒤척거리다

로마서 8장 28절
 −모든 것이 합력하여 선을 이루느니라

무거운 글줄 아래 밑줄도 그어보다

밤하늘 건너는 철새 편대
끼룩대는 울음소리 엿들으며
식어버린 찻잔을 비운다

밑바닥에 달라붙어서
아직도 남은 엽록소를 풀어내며
완강히 버티는 찻잎 같은

돌들, 급히 달려오던 내 발길에 차여
길가 웅덩이에 빠져 오래 잠을 자다가
불개미 떼로 부화하나 보다

아직 새벽은 멀고
화분 속 야래향 향기를 피우는데
꼬리뼈에서 목 근처로 스멀스멀
또 기어오르는 통증

이명증

내 작은 두개골 속
주인 잃은 빈터를 점령한
전갈 코브라뱀 양귀비 떼
종족을 늘려가나 보다

내비게이션 속에 숨어 사는
얼굴 없는 그녀
낯선 장례식장 정문
죽음의 문턱까지 나를 이끌던
다정한 목소리처럼

좌로 가려 하면 우로 가라
멈추려 하면 달리라
달리려 하면 멈추라
위협과 유혹을 반복하며
주인 노릇을 하는 이국종 큰손들

－목적지 근처에 도착했습니다

동행하던 유령은 홀연히 잠적하고
모든 문이 닫혀 있는 여기는
물이 말라버린 오아시스
멸종한 고대 부족의 성지

모래바람에 몰려온 낙엽만
출구를 찾느라 바스락거리는 골목 끝
고장 난 수평저울처럼 어깨가 기운
낯선 사내의 그림자

어지럼증 달래며
가끔 위잉－ 위잉－ 경고음 울리던
귓속을 후비고 있다

지렁이 타령

용꿈 품고 배밀이 해 간 형제들
낚싯바늘에 꿰여 수장당하고
맵고 짠 햇살에 말라
불개미 떼 성찬이 되고

─ 일기가 수상하니 깊이 숨어 지내라
죽음으로 일러주던 말씀
금과옥조 삼아

주인이 버리고 간 묵정밭
이랑 속에서 어둠을 삼키고 삭혀
지렁 지르릉 노래로 토해낸다

반딧불이가 꽁무니에
먼 나라 소식을 실어와
망초꽃대 끝에 매달아놓을 때까지

매품 팔러 간 흥부가 돌아오며

풀잎마다 밤이슬을 흘려놓고
호미 날을 들이밀 때까지

산짐승이 밟고 지나가도
꿈틀대거나 비명 지르지 말고
죽은 듯 살아서

함께 묻힌 돌이나 풀씨들
낮은 숨소리 온몸으로 감지하며
허락된 한 줌 흙을 먹고 토해내며
체온을 더해야 한다

절벽의 오리나무

인디언들은 십 리쯤 걷다가 발길을 멈추고 돌아서서 몸을 빠져나간 영혼을 되감아 다시 길을 가곤 했다는데

절벽을 오르다 멈추어 서서
뿌리 깊어진 오리나무 일행
오리만 올라가면 산봉우리인데

다 주워담지 못한 발자국
어느 지층에 화석이 되어 묻혀 있을까

계곡물 속을 헤집는 긴 그림자
소금기둥이 되기 전에
자리를 털고 일어날 것인가

어둠의 홍수에 침몰한 산 아래 마을엔
불빛들도 이미 꺼지고
고삐 풀린 채 벌판을 떠돌던 말들
헛발질에 차여 죽은 말들의 뼈

삭아가며 탑을 쌓는데

서산을 넘던 달이
우듬지 끝에 서성거린다
물과 뭍을 쏘다니다
나는 법을 잊은 오리처럼
허공에 기대어 잠든 오리나무
깨어나 산봉우리로 올라가라고

샌드위치가 쓰다
— 2012. 5. 15

위층 강의실
책걸상과 바닥의 마찰음
쿵쿵 내 이마를 친다

연구실 벽에
한 해 동안 거꾸로 매달린 채
마르고 있는 장미꽃 몇 송이
목이 꺾여 있다

아래층 강의실
휴강인가 보다
자아 - 떠나자 - 동해바다로 - 오…
콧노래 소리 점점 빠르게 올라온다

죄송해요선생님ㅠㅠ직접 가서축하드리지 못하고멀리서…
제가 문학상 타는날꼭!시상식자리에서뵙겠어요ㅋㅋㅋ

늦은 점심을 먹는다
유통기한이 임박한 샌드위치
맛이 쓰다

늘, 그날처럼 아파트 정문에 미리 나와
백발을 쓸어내리며 기다리고 있을
초등학교 시절 담임선생님
교무실 처마 끝에 매달린
청동빛 학교 종

녹슨 시간을 찾아 달려가는 강변도로에
벌써 차들이 밀리고 있다

새끼 낙타를 그리며

암낙타 허리에 마두금 걸어두고
노래를 불러주면
난산하여 버린 제 새끼
다시 찾아 나선다는데

뜰 앞에 몰려와 우짖는 새 떼야
절정에 이른 합창을 멈추어다오
아직 사방엔 안개가 자욱하다

아침마다 잠시 만나 눈인사를 나누고
떠나보낸 낯선 사내
벽 속으로 쓸쓸히 멀어져가던 뒷모습
찾아갈 지도가 없다

그가 거울 밖으로 걸어 나와도
앉힐 빈 의자가 없다
목마른 그에게 먹일 샘물도 말라버리고

내 두 손은 온통 진흙투성이다

새 떼야, 좀 더 늦잠을 자도록
길게 자장가나 불러다오
새끼 낙타가 되어 사막을 헤매고 다닐 그와
꿈길에서나마 동행할 수 있도록

돌의 연가

 그대가 백지에 얼굴을 그려놓고 돌, 이라 이름 짓는 순간 오히려 나는 돌 속에 갇혀 까마득히 멀어질 뿐 사라지는 나를 잡으려 다시 이름을 지어 부르지만 나는 그대 잠든 사이 봉창을 두드리다 나비 무늬 얼룩만 남기고 가는 바람이거나 그대 사는 마을로 건너가는 나루터에 자욱하게 끼었다가 빈 꽃대만 남기고 해 뜨면 사라지는 물안개 끝내 그대와 나는 온전히 만날 수 없는 운명의 굴레를 쓰고 강 언덕에 올라 서로 구겨진 손수건만 흔들고

 독방에 갇힌 채 사형 집행을 기다리는 사형수는 마지막 작별 인사를 하고 떠난 애인의 머리칼에서 풍겨 오던 아카시아 샴푸 냄새에 취해 선잠을 자다 떨어지는 빗방울 소리에 깨어나 돌아오지 않을 애인의 발자국 소리를 헤아리고

 그대는 타는 목을 적시느라 물을 다 비운 유리잔 투명한 바닥을 내 가슴이라 여기길 나는 목심을 썩히고 썩힌 고사목이 바람이 불면 들려주는 뼈 피리 소리가 그대 목소리인 줄 알고 늘 귀를 씻고 기다리겠네 꽃도 다 지고 눈이 내려 평행

선을 긋던 그대와 나의 발자국을 지워주겠네

 비로소 우리는 이름을 버리고 눈에 묻혀 함께 잠들겠네

야행성 나무들

휴전 명령이 내린 격전지처럼
창문마다 불빛이 모두 잠든 아파트
단지 한구석 놀이터에 외발로 선 나무들
뉘우칠 일도 기다릴 일도 없을 텐데
가끔씩 가지를 흔든다
울타리를 빠져나간 개들이
올무에 걸려 죽어간다는 소식일까
빈 의자 위로 낙엽 내려앉는 소리에
당황한 듯 떨리는 우듬지
끝에 무시로 구름이 머뭇거리다 갈 뿐
아궁이 가득 군불 지피다
타다 남은 참숯불 화로 가득 담아
새벽 문턱 너머로 내어주던 노인
아직 그 산방을 지키고 있을까
오일장 보러 외나무다리 건너가
지게뿔에 매달고 온 간고등어 한 손
출렁거리는 먼 바다 비린내에
어둠보다 깊어지는 허기

다스리며 밤을 지키는 파수병들
상한 허리 붕대로 감은 채
시멘트 블록 틈에 발이 묶여 있다
아이들이 버리고 간 고무공처럼
바람 빠진 그믐달 느린 발걸음
헤아리며 새벽을 기다린다

수상한 밤

　고장 난 TV 위성 안테나가 산 너머로 산골 소식을 방출하는 밤 귀양 사는 호박 덩굴이 허공을 휘젓던 덩굴손으로 제 몸이나 마른 풀을 움켜잡고 낮게 엎드려 탈주를 시도하는지 산장 뒤란이 수상하다 일행이 깰세라 촛불을 밝히고 빈 잔에 찻물을 붓는다 주인이 알맞게 찌고 덖어 오래 묵혀두었다는 산뽕잎을 되살리는 고요의 삼투압 도난당한 누구의 자화상일까 짐짓 주위를 둘러보면 촛불에 물러난 어둠이 벌거숭이 나를 고치처럼 에워싸고 있다 막잠을 자고 섶에 오르는 누에처럼 꼼지락거리는 열 손가락 아직 피가 돌고 있을까

　알을 품는 산새야 사냥꾼에게 쫓기던 산짐승아 어둠을 겹겹 끌어다 덮고 깊이 잠들자 새벽이면 호박 덩굴 새순이 울타리를 넘어가리라 부화한 나비들이 한 번도 본 적 없는 꽃을 찾아 훨훨 첫 비행을 시작하리라

제2부

산정 유감

물과 뭍을 넘나들며 덤불 헤치고
산정을 넘어간 선두주자들은
어디쯤 달리고 있을까

데리다 푸코 들뢰즈
발자국 좇아가다 다리가 꼬여 주저앉으면
흐릿흐릿 살아나는 흑백 영상들

텃논에 봄물 넘치면 밤 지새워
안택(安宅)굿 하는 맹꽁이 독경 소리
시린 발목에 감겨 오는
4음보 장단율

첨벙첨벙 내 돌팔매에
징검다리 헛디딘 갈래머리 짝꿍
여울물이 앗아간 꽃고무신
서정의 행방

중풍으로 누운 아버지

돌처럼 굳은 발바닥 각질 벗겨
평생 처음 보여준 하얀 속살
침묵의 반어법

시베리아를 떠돌다 돌아온 철새
고전처럼 묵은 늪에서 인양한
풋풋한 방언들

모두들 삭풍을 피해 방문 잠그고
거울 속으로 자맥질하여
제 얼굴이나 찾던 겨우내 산비탈 지키던
리얼리스트 참나무들

짙어지는 녹음에 젖어
프로이트 라캉 책 표지를 덮는다
등 돌리고 온 순간들
꽃비에 젖은 채 몰려와
맺힌 사연들을 풀어놓는다

먼 곳보다 가까운 곳 뒤집어 보면
밝은 빛이 숨어 있다고
내일보다 어제가 더 싱그럽다고

싱싱한 어제
— 감자를 캐며

호미 날에 찍혀 나온 하얀 속살
아린 비린내가 난다

노름쟁이 남편 몰래
사랑채 처마 끝 이엉 아래
폐병쟁이 아내가 묻어두고 간
피 묻은 지전 동전 몇 닢과

뒤란 장독대에 엎어둔 시루 속에
밤톨 소복이 물어다 놓고 싹이 나도록
오지 않는 다람쥐의 꼬리와

아내 뱃속에 첫아이 남겨두고
가서는 오지 않는 남편 뒤통수와
대추나무에 걸어두고 간 초승달과

부엌 바닥 파고
볍씨며 족보 묻어두고

동구를 나서던 종손 일가와
대숲을 흔들던 시린 바람 소리

꽃 피우자 목 잘린 채
어둠 속에서 썩고 썩으며
밑알로 되살아난 싱싱한 어제

차마 감지 못하고
가뭄 타는 텃밭이랑을 지켜온
감자의 오목눈들

허수아비 영농일지

누가 이 땅 주인인가
밤에는 고라니가 다녀가고
낮에는 산비둘기 떼 성찬을 즐기다 가고
밭둑에 선 옥수수 초병도 지쳐
뜬 구름에 푸른 손을 흔든다
지폐 몇 장에 한 해 경작권을 얻은
스무 평 하늘을 올려다보다
제 그림자를 지운다
뽑아도 다시 돋는 잡초
뿌리를 캐내던 호미 끝에
걸려 나온 지렁이 한 마리
아직은 잠을 깰 때가 아니라고
흙 속으로 급히 몸을 숨기는
은둔의 땅, 무릎을 꿇은 사내
누구를 위해 올리는 경배인가
일망타진된 채 밭두렁에 버려진
개망초 달개비 개비름 한 몸이 되어
하얗게 눈을 뜨고 있다

여기는 우리네 영토
버림받은 자들의 조국이었다고
푸른 혀를 내민다
쓰러진 고춧대 세우던 사내
군모가 벗겨진 허수아비 곁에서
소란해지는 풀벌레 아우성에
갈 길을 잊은 채 고개를 숙이고

감자꽃 타령

한 번은 꼭 피어야겠다
피자마자 낫날에 참수당해
햇살에 시들어 마를지라도
아린 속살 썩히고 썩혀
자줏빛 향기 피워 올려야겠다
잠시 눈 감으면 굴러떨어질
가파른 비탈배기 화전
패망한 부족의 실록처럼
거친 이랑에 뿌리 내린 비천함
달래주던 종달새도 오지 않고
깃털만 흩날리는 허공으로
꽃대를 밀어 올려야겠다
황토빛 어둠을 먹고 토해내며
밤 지새우는 지렁이 읍소에
급히 쏟아져 내려오던 별똥별
그 짧은 응답 잎 그늘에
알알이 새겨 감춰두고
찬 이슬에 목을 씻어야겠다

산노루 제 똥을 묻고 떠난 협곡
풀벌레 풍악도 지쳐가고
멧돼지 일가 제 집을 찾는데
홀로 깨어나 하얗게 웃어야겠다
느낌표처럼 유언처럼

Super moon

헌책방 한구석에 잠들어 있던
첫 시집, 『심천에서』
출어를 나선 후 항로를 잃고 떠돌다
구사일생 귀항한 고깃배
돛처럼 찢겨진 표지에
선명한 얼룩과 낙서
낙인처럼 찍은 낙관이 아직 붉다
망국의 군량미 창고 불탄 터에서
발굴한 쌀알같이 새까만 시어
행렬 사이에서 풍기는 곰팡이 냄새
빛을 보면 눈이 멀어버린다는 박쥐
울음소리를 따라 동굴로 들어선다
긴 어둠의 끝에 흐르는 깊은 내
바닥으로 투신한 미루나무 가지 사이로
솟아오르는 Super moon
홀연히 방 안이 환해진다
궤도를 돌고 도는 순환선 전철에서
엇갈리며 스쳐 지나간 첫사랑 그 애

창문을 두드리고 있다 성큼 다가와
책상머리에 마주 앉아 안부를 묻는다
자취방 벽 틈을 파고드는 외풍과
구들장 사이로 스미는 연탄가스에 맞서
날마다 새로 쓰던 청춘의 유서
갈피에 숨은 오탈자를 찾는다

신공무도하가(新公無渡河歌)
— 시인

교통신호도 못 읽는다고
산 채로 관에 넣어둔 짐승들
이름을 불러달라는 비명 소리
받아 적느라 어머니가 가르쳐준 말
부수고 녹여 새 자모(字母)를 만드는

봄소식 물고 돌아와
빨랫줄에 모여 앉아 이국의
민요를 읊조리는 제비 떼
아예 한 지붕 아래 모시고 살며
한 옥타브 낮은 피리 만들어
화음 맞추는

달 뜨는 밤이면
깊어지는 허기에 옥상에 올라
빈 그릇 바닥을 긁는
미친 짓 그만두라면 더 세게 긁는

백수광부(白手狂夫)
— 님아 냇물을 건너지 마오*
공무도하가를 부르는
백수광부의 처

* 고조선 때 지어졌다는 가장 오래된 우리 민족의 고전 시가인 「공무도하가」 첫 구절 '공무도하(公無渡河)'를 번역한 것임. 위 행 '백수광부(白手狂夫)'는 원래 '백수광부(白首狂夫)'인데 「공무도하가」에 얽힌 배경설화 중에 등장하는, 이른 아침 강을 건너다 빠져 죽었다는 인물이다.

'탕(湯)의 화(花)' 제조법
— 시인

  불덩이를 품은 채 머리에 흰 눈을 이고 하늘에 젖어 있는 아소산, 기슭에 사철 꽃이 핀다

  예전엔 분화구였을지도 모를, 죄인이 죽어서 간다는 지옥을 살아서 미리 볼 수 있다는 지옥천, 위에 덮어둔 다공질 화산석 모세혈관으로 스며 나온 유황 온천수가 수증기가 되어 날아가고, 유황 입자들이 찬 공기를 만나 엉기며 점점 크게 피어나는 '탕(湯)의 화(花)', 분말로 만든 세제가 묵은 때는 물론 웬만한 피부병까지 말끔히 씻어준다고 한다

  까닭 없이 부글거리는 위장을
  다스리다 잠시 선잠을 깨어 보면
  이불 홑청에 구겨진 연꽃 몇 송이

  나비는 어디로 날아갔을까

  호텔 창 너머
  아소산 산정 위에 '

홀로 외나무다리 건너간
시인 바쇼
다 닳은 게다 한 짝
뼈만 남은 하이쿠 한 수
빛나고 있다

맹독도 고독의 미로를 지나면
명약이 된다고
향기를 풍긴다고

자전거 보관소 풍경

4호선 창동역 앞
자전거 보관소에 묶인 채
고독사한 자전거

어둠 열어주던 전조등도
속도를 조절해주던 브레이크도
균형 잡아주던 안장도
이미 뜯겨져 나간 몰골

꽃길을 내달리던 주인
당고개 넘어오고 있을까
오이도 앞바다로 지는 해 따라갔을까

오가는 전동차 경적 소리 헤아리다
타이어 가득하던 바람을 빼고
비스듬히 기댄 채 잠이 곤한데

천년을 산다는 은행나무 가로수가

굴러온 죄로 부관참두당한 자전거
위에 물음표를 떨어뜨린다

어제와 내일 두 바퀴 사이에
앉아 달려오던 주인
분신을 남겨두고
어디로 갔을까

쐐기

시집을 보내야 열매가 잘 열린다고
기둥 새에 쐐기로 박아놓은 돌덩이
품어 안은 대추나무

등은 무겁지만 발걸음은 가볍다고
젖 뗀 아가 등에 업고
삼십 리 오일장 보러 가서
별빛 이고 돌아오던 어머니

지게 가득 짐을 짊어야
흔들리지 않는다고
나무 다발 위에 보름달
함께 지고 돌아오던 아버지

먼 길 가서는 끝내 돌아오지 않는데
다 닳은 짚신 몇 짝 묻힌 고갯마루에
그림자 길게 키우며

눈길이 미끄러우면
눈이라도 싣고 넘어야
헛바퀴 돌지 않는다며
쐐기처럼 박혀 있다

두꺼비 육아법

1.

두꺼비 중에는 돌연변이 암컷 두꺼비가 있다는데 물에 알을 낳아두면 천적들에게 먹힐까 봐 배 안에 품고 있다 부화기 가까워지면 구렁이 굴을 찾아가 스스로 잡혀 먹혀 구렁이 몸속 무덤으로 들어간다. 부화된 두꺼비 새끼들은 구렁이 뱃속 요람에서 죽은 제 어미 몸은 물론 고단백질 구렁이 몸을 먹고 자라다가 구렁이가 껍질만 남으면 세상으로 나온다

2.

남은 생보다 더 무거운 짐을 실은 리어카
구렁이처럼 구불구불 휘어진 가파른 골목길 끝
고물상으로 들어간다

―요 며칠 새엔 너무 짐을 많이 실어 타이어 터지겠슈
―내일 모레가 장가 못 간 막내아들 생일인디…… 미역 한 꼭지 쇠고기 한 근 값…… 채울라고 꼭두새벽부터 나와 뒤지다 보니……

일찍 뜬 별 하나 두꺼비 걸음새로
노파의 발자국을 헤아리며 뒤따르다
은빛 다림줄을 내린다

어느 이교도들의 사원
돔형 지붕같이 둥글게 휜 노파의 등
한가운데 추를 맞추며

목련꽃 번데기

어느 들짐승이 동면에서 깨어나
강 건너 마을로 이사를 가나 보다
끊길 듯 이어지는 가쁜 숨소리
창 너머 늙은 목련꽃 나무 가지에
꽃송이 스스로 부푸는 봄밤

바람 맞아 댓돌에 신발 벗어두고
겨우내 누워 쉬던 아버지
발바닥 각질이 벗겨지며
비로소 돋아나는 하얀 속살

눈이 부시다
하늘을 떠받치다 지진에 쓰러진
아폴로 신전의 돌기둥
밑, 주춧돌 속에 숨어 있다
뒤늦게 눈뜨는 옥빛 꽃무늬처럼

밟아온 길이 새겨준

어지러운 갑골문을 지우고
매몰된 선사(先史)를 증언하는
백지의 침묵

깊이 박힌 손금을 지우며
길어가는 당신의 손톱만큼
여린 초승달 일찍 서산을 넘고

밀도를 더해가는 어둠
단단한 고치 속에 숨어
승천을 꿈꾸는 흰나비 번데기
몰래 날개를 키우는가
한밤 내내 소란하다

그늘의 행로

 온 식구 저녁 두레상 방 안으로 들여놓은 어머니 치마폭에 숨어 부엌으로 들어가 무쇠 밥솥에서 보리밥 누룽지와 함께 끓던 그늘은

 뒷산 숲으로 들어가 폭풍에 쓰러진 고목과 바위의 잠을 푸른 솔이끼로 깨우고 계곡 물소리를 잠재우고

 급소 한 방으로 빼앗은 챔피언 벨트를 카메라 조명등이 비추는 동안 링 위에 쓰러져 누운 선수를 덮고 가물거리는 숨소리 맥박을 헤아리다 일으켜 세워 떨리는 손을 잡고 내려와

 TV를 끄고 침대에 누운 내 심방 속으로 흘러들어 손가락 발가락 끝까지 흐르며 어머니 등에 업혀 외나무다리 건너고 산고개 넘어 읍내 오일장 구경 가던 먼 길 고갯마루 지키던 상수리나무 푸른 잎 뒤에 숨어 칭얼대던 쓰르라미 울음 들려주고

 백화점 뒤 재래시장 입구 길목에 벌여놓은 쪽파 상추 애호

박 그 싱싱한 궁핍에 묻은 흙을 닦으며 식어가는 황혼을 빛내는 노파의 마디 굵은 손가락을 만지작거리고 있다

제비콩 덩굴탑

제비는 날아가고
제비콩 꽃 진 자리
제비콩 여물고 있다

뼈 없는 족속이라
마른 꼬챙이 감고 일어서서
밟고 올라가라 등을 대어주고
지치면 기대라 어깨도 내어주고
서로 한 몸으로 얽혀서
완공한 덩굴 피라미드

운명보다 비좁은 텃밭에
스핑크스처럼 웅크리고 앉아
7남매 안부 줄줄이 풀어내며
호미질 서두르던 노인

천둥 치고 비바람 불어오면
날개 없는 몸엔 흙이 하늘이라고

엎드린 채 푸른 그늘 넓혀가며
쌓아 올린 사리탑

층층이 매달린 제비콩 꼬투리마다
평생 못다 부른 노래가
3.4조로 여물어가는데

밭둑에 벗어두고 간
빈 제비집 같은 낡은 고무신
속에 숨은 풀벌레 떼
회심곡을 읊는다

제3부

교차로 점경
— 제자리

 행여 사랑의 목줄을 풀어버리고 떠난 옛 주인이 되돌아올지도 몰라 정성으로 끼니 챙겨주는 이웃들 손길도 뿌리치고 달이 이울고 차오르기를 예닐곱 번 거듭하는 동안 길가 풀숲에서 한뎃잠을 자던 누더기 개, 차들이 붐비는 시간이면 차도로 뛰어들어 경적 소리에도 아랑곳없이 제자리를 지키는 무모함을 지켜보던

 은행나무 한 그루, 차라리 마당과부라도 되었더라면 더 나았을 것을…… 올해도 또 얼굴 한 번 본 적 없이 바람에 소식만 실어 전해주던 산 너머 어느 님의 사생아 열매를 가지가 휘도록 맺었다고 노란 잎 지우며 제자리 지키고 있는데

 젊은 부부 한 쌍이 어머니 임종이 가깝다는 의사의 연락을 받고 객지에서 급히 달려오다 다녀간 지가 너무 오래되어 길을 잃었다며 은행나무 그늘에 차를 세우고 천사요양원으로 가는 길을 묻네

 짧은 해 뉘엿뉘엿 기울어가고 먼 산정 위에 일찍 뜬 초저녁별 하나 누구를 기다리는지 제자리를 지키며 초롱거리고

둔배미 하오

빠른 박자 유행가 가락을 싣고 와
솔향기만 태우고 되돌아가는 마을버스
종점, 군사보호지역으로 잠입한 비둘기
텃밭에 심은 옥수수 씨앗으로
허기를 채우고는 울음을 묻는다
진달래 개나리 피었다가 이미 지고
울타리 밑에 모여 앉은
은방울꽃 매발톱꽃 초롱꽃 할미꽃
마지막 파수꾼들이 둔배미
옛 이름을 지키고 있다
까치도 오지 않는 둥지를 안고
하늘을 떠받치느라 등 굽은 느티나무
짙은 그늘 아래 노인네 몇
수락산 산정 넘어오는 먹구름 헤아리며
내일 날씨를 점치고 있다
천수답 물꼬를 막아 하늘 모셔놓고
뒷산 조상님 산소에 제물 차리던
종가 맏며느리 두터운 손

다 닳은 손톱만 한 낮달
이동통신 기지국 안테나에 걸려 졸다가
성큼 발길을 서두르는 늦은 하오
급히 누가 동구로 들어서는가
귀 밝은 개들이 짖는다
구덩이에 묻힌 호박씨 숨을 죽인
둔배미 고요를 깨며

* 둔배미 : 경기도 의정부시 신곡동에 있는 자연부락으로 '발곡'이라고도 함.

연못 요새
— 부여 궁남지

창도 방패도 버리고
백기 흔들며 잠복한 패전의 후예들
은밀히 조직을 늘려 혁명을 꿈꾸며

소나기 고공 기총소사에도
뼈까지 파고드는 얼음의 공세에도
지하 깊이 진지를 구축하고
화력을 키운 것이다

한 번 코끝에 스치기만 해도
세상의 끈을 놓고
노을빛 꿈나라로 떠나게 한다는
독한 화학무기와

한 번 그 빛에 노출되기만 해도
눈이 멀어 적군과 아군을 분별 못 하는
고성능 조명탄을

제조하며 결사항전을 기도하던

수중 요새 위로
물잠자리 정찰병 날아오르는 팔월
절대 가까이 가지 마시길

귀 막고 눈 감고 낮게 엎드려
하늘과 땅의 미동을
온몸으로 감지하길

어떤 재회

가다 서다를 반복하는 출근길
간선도로 아스팔트와 시멘트 옹벽 틈에
개망초강아지풀명아주쇠비름……

폭풍이 사납던 어느 밤
울 밑에 심은 박씨 떡잎도 피기 전
마을을 떠난 흥부네 일가

가도 가도 절벽뿐이더라고
뿌리 내릴 틈새는 있더라고
서로 어깨를 기대고
흔들리는 몸 가누고 있네

매연도 때로는 약이 되고
제한 속도를 넘나드는 바퀴 파열음도
노승의 죽비 소리처럼 정겹더라고

귓바퀴 푸르게 세우고

우편번호도 없는 주소를 지키는
흥부네 일가들

종로의 콘도르*

　페루 안데스 산맥에 깃들어 사는 잉카의 후예 인디언들은 살진 소의 배를 갈라 내장을 드러내고 가죽을 벗겨 산정 가까이에 미끼로 놓아둔다. 콘도르가 하늘에서 피와 살 냄새를 맡고 내려와 실컷 배를 채우다 몸무게가 너무 무거워져 날아가지 못하면 산 채로 잡는다. 그러면 축제를 벌이는데 콘도르를 싸움소 등에 매달아 소와 함께 투우사와 한바탕 싸움을 벌이게 한 후 몸무게가 가벼워지면 하늘로 되돌려 보낸다.

　마지막 좌석버스도 이미 끊긴 종로에
　구조를 기다리는 콘도르들

　안양! 의정부! 성남! 인천!
　총알택시를 좇아가며 느낌표를 흔든다

　누가 궤도를 벗어난 위성들을
　위성도시로 데려다 줄 것인가

　들짐승 눈동자처럼 반짝이던

별자리들도 곤히 잠이 든 밤

－땅에 얽매여 있으면 사람들은
세상을 향해 가장 슬픈 소리를 내지요
El Condor Pasa**
팝송 가락이 빠르게 흐르는데

* 콘도르(Condor) : 독수리과에 속하는 안데스 산맥의 바위 위에 서식하는 새로서 잉카의 후예들은 수호신, 하늘의 신, 산신이라 여긴다.
* 엘 콘도르 파사(El Condor Pasa) : Simon과 Gurfunkel이 부른 페루의 민요인데 '철새는 날아가고'로 번역되어 불리기도 한다.

자장가
— 어린 왕자에게

어느 별에서 왔느냐 아가야
아예 눈을 뜨지 말고 잘 자거라
아직은 봄이 아니란다
서둘러 터진 영산홍 꽃봉오리
창문 틈으로 새어든 칼바람에
얼어 시들어가고 있다
파푸아뉴기니 앞 바다에서
상어의 영혼을 불러 올가미를 당기는
어느 마을 촌장 샤크콜러(shark caller)
뱃머리를 비추던 그믐달이 따라와
아파트 옥상 위에서 기웃거린다
귀도 입도 열지 말고 잠들어라
밤새 자욱눈 쌓인 길 위로
급히 달려간 차바퀴 자국에
얼룩진 고양이 피 냄새가 비리다
골목마다 점령한 검은 안개가
발목들 잡은 채 탈출구를 가린다
해 뜨는 쪽이 어디인지

해 지는 쪽이 어디인지
방향감각을 잃은 개들이
놀이터에 나와 코를 벌름거린다
옹달샘에 물 마시던 산토끼도
꿀을 물어 나르던 벌들도
열병 앓다 낙엽 덮고 잠들었다
얼마 후면 잔설이 덮인 산그늘에
복수초가 노란 꽃을 피우고
산비둘기가 날아오겠지
어린 왕자야, 넌 땅의 후예가 아니란다
아예 신발을 신지도 말고
깨진 말의 파편이 몰려다니는
문밖으로는 더욱 나가지 말아라
멀고 어두운 꿈길을 열어
별나라로 되돌아 가거라

멧돼지 회식의 추억

전철 자동문이 급히 닫힐 때
공갈젖꼭지 물고 곤히 잠든 아이를 볼 때
현금자동인출기 거래명세서 뽑을 때
사과 향기에 취해 할인마트 자동승강기 타고 오를 때
입구 경품 코너에서 줄을 설 때
투표장에서 후보자들 공약 헤아리며 기다릴 때
커피전문점 계산대에서 회원카드 내밀 때
재활용품 분리 배출을 할 때
양말 구멍 꿰매는 아내를 볼 때

온 산에 폭설이 길로 쌓인 전방 부대 취사반 뒤 잔반 버려둔 드럼통에 대가리를 처박고 다리를 하늘로 치켜든 멧돼지의 최후, 모처럼 회식을 즐기던 추억이 자동으로 떠오르곤 한다.

번호표 발행기에서 자동으로 밀려나오는 번호표처럼
고향집 뒤란 고욤나무 그루터기에

가랑비만 내려도 돋아나는 고욤나무버섯처럼

여린 혀 끝에 돋는
미각의 돌기
멧돼지 회식의 추억

느티나무 공법

아파트 건너 강둑에 선
고압선 철탑 꼭대기 위 경보등
충혈된 눈을 깜박이는 한밤
허공에 우주 한 채 지으려나 보다
화분에 뿌리가 갇힌 채
베란다 구석을 지키던 어린 느티나무
봄보다 먼저 깨어 봄을 피우는 가지들
자를수록 제곱으로 분열하는
완강한 저항을 어찌할까
명사가 되지 못할 자음들을
마구 토해내는 연둣빛 혀
고향 동구를 지키며 투망 엮어
해 지면 산정 위로 출몰하는 은어 떼
포획하던 어미의 근성이 남아 있다
서슬 퍼런 가윗날에 잘려도
피 한 방울 흐르지 않던 가지 끝에
선잠 든 뿌리털의 숨소리
엿듣던 검은 바람이 또 유리창을 흔든다

실직하고 돌아온 아들 녀석과
귀화 시험 준비하는 이민족 며느리에게
천지인 더듬어 메시지를 보낸다
－진달래꽃이 핀단다 내일 봄맞이 가자
구름 사이로 지켜보던 보름달
흐린 실소를 화분 가득 부어주는데

똥 퍼 장로님

똥장군 지게에 지고 새벽
산고개 넘어간다 백발 장로님
며칠 후면 온 마을 고사리손들
산타 할아버지 만나러
삼삼오오 몰려온다고
교회 뒷간 넘칠지도 모른다고
넘치기 전에 비워야 한다고
까막눈 노장로님 더듬더듬
낡은 성경책 행간을 읽어가듯
기우는 큰곰자리 작은곰자리 함께
지고 어둔 산길 짚어간다
구린내도 때로는 꽃향기보다
더 구수하다고 낮게 허리 굽히고
음정도 박자도 안 맞는 찬송가
-나 같은 죄인 살리신
그 은혜 놀라워 흥얼
흥얼 출렁출렁 똥장군 가득
똥 퍼 담아 지고 똥 퍼 장로님

골고다 언덕보다 가파른
산고개 넘는다

장마를 기다리다
— 메르스

울타리 넘던 호박 덩굴 고개를
돌린다 이웃의 기침 소리에 호박꽃도
입 다물고 잎 뒤로 숨는다
골목을 나서던 개가
엊그제 살 부비며 놀던 개를 보자
송곳니 세우고 돌아선다
가까운 이웃일수록 더 멀리해야
살아남을 수 있다는 역비례의 나라
텃새들이 삼삼오오 모여 앉아
천기를 헤아리던 정자나무 그늘
폭풍에 떨어진 잎이 쌓인다
아무도 찾아오지도 나가지도 말고
사립문 빗장 굳게 걸어두고
늑골 밑에 미생물이나 배양한다
모두가 적이요 부상병이요
모두가 포로인 패전의 왕국
침묵과 외면만이 미덕이다
하늘 가득 먹구름 몰려오더니

천둥 번개 이어 장대비 쏟아진다
산봉까지 홍수가 차오를 때까지
목백일홍 경계등 꺼질 때까지
시퍼렇게 의심의 낫날 세우며
어둠의 농도를 재어볼 일이다

의문형 낙엽

굳게 잠긴 문 앞에 몰려와
엎드려 뒤척이고 있다

창동역 앞 평화공원 한구석에
허공의 우주정거장처럼
몽골 초원의 게르처럼
자리를 잡은 노상 점집

온 길을 되짚어주고
갈 길을 일러준다는
늙은 명리학자는 어디 갔나

비행 연습을 하던 날개들
먼 바다를 꿈꾸던 지느러미들
핏기를 잃고 탑이 되었다

흙먼지만 푸석이는 길엔
붉은 신호등은 바뀌지 않고
곳곳에 허방이 기다리더라고

가끔 깨어나 귀를 세운다

─사주 작명 궁합 취직
행인의 발길을 이끌던 외등도 꺼지고
천막 옆구리에 선명한 해서체
─운명은 바꿀 수 있는가

?, 의문부호처럼 오그라든 낙엽들
겨울 문턱에 걸려
찬비를 맞고 있다

열병합발전소 굴뚝 꼭대기 피뢰침 주위쯤에서
지난 봄 떠나간 철새
울음소리 간간히 들려올 뿐

활활 타올라 하늘로 갈지
썩어서 땅속에 매장될지
아무도 헤아릴 수 없는
잔금 많은 낙엽의 손금

물맛

억,억,억! 터지는 플래시 조명 받으며
포토라인에 선 얼굴, 눈부신 불빛에
리모콘을 누른다 화면이 어두워지자
멀리 개구리참외 광주리 가득 이고
행상 간 어머니, 보름달 둥실 데리고
산고개 넘어 돌아온다
구겨진 지전 동전 털어 헤아리다
너무 비싸게 팔고 온 것 같다, 아무래도
당신의 손독이 배어 있을 것 같다
낱낱이 물로 씻고 다림질하여
밀린 등록금 챙겨주던 손길
땀띠 솟구치는 한여름이면
자주 등줄기에 부어주던 서늘한
그 물맛, 또 등 들이밀고
몸 구석구석에 잠복한 묵은 때
밀어달라고 떼쓰고 싶은
때늦은 목마름

암거래

 석등에 불이 꺼진 지 오래이다 이목구비 다 닳아버린 무인 석상은 이끼로 얼굴 가리고 딴전이나 피우고 있는 왕족 후손들 무덤, 산토끼 향기로운 꽃똥 제물 바치고 돌아가자 풀벌레 조문을 외고 무덤가에 둘러선 나무들 다투어 꽃등을 켜들고 헌화를 한다 족보에도 없는 서자들 대를 잇는 시묘살이에 성골도 스스로 썩고 썩으며 꽃다지 냉이꽃 제비꽃 피워주고 관복 벗고 몸 낮추어 마당쇠가 되어 지나는 새떼 불러 무등 태워준다 다박솔 속에 숨어서 신방을 차리던 산꿩 시샘이 나 쌍소리로 울고 있는 한식날

 봉분을 탑처럼 높이고, 앞면에 관명 치적 깊이 새기고 뒷면엔 자손들 이름 곁들여 금 가고 기울어진 비 앞에 세우려고 포크레인 앞세우고 묘지로 올라오는 후손들, 무덤 주변에서 그들 사이에 얼마나 오래 암거래가 이루어져왔는지를 알고 있을까 비문을 지우는 데 얼마나 오랜 날이 걸렸는지 모른다고 먹구름 몰려오는데

미아리 사루비아꽃

거세지는 차량 물결도 비켜간 외딴섬
점령군처럼 상륙한 코끼리아파트
공룡백화점 그늘을 지우며
서둘러 홍등을 밝히는 사루비아꽃
누구는 사자 떼에 목울대를 물린 사슴
비명을 듣고 가고
누구는 압사당한 모기 떼
피 무늬를 읽고 가도
퍼내도 마르지 않는 꿀샘을
품고 있는 여린 꿀꽃
모두 연인이요 피붙이가 되는 별천지
부끄러움을 벗어버리는 에덴동산
영육은 하늘과 땅 같아서
몸은 플라스틱 화분에 갇혀 있어도
영혼은 고향 마을 정자나무로 날아가
소쩍소쩍 밤을 지새운다
—이제 피 흘러도 아프지 않고
—이별도 익숙해져 서럽지 않아요

날개가 찢겨 불시착한 벌 떼
미아가 되어 숨어드는 고양이
울음에 밀려오는 풋잠을 쫓으며
헝클어진 머리칼 가다듬고
밤안개를 헤집는 미아리 여신
내일은 한랭전선이 몰려오그
된서리가 내린다는데

제4부

비비추

 노총각 악사 애끓는 피리 소리에 잠시 넋을 뺏긴 선녀, 광풍이 가시자 치맛자락 부여잡는 손을 뿌리치고 구름 타고 올라 옥황상제님께 사연을 아뢰었거늘 가엾다고 내려준 옥비녀 떨어지면서 깨져 흙 속에 묻혀 있다가 이듬해 돋아난 옥잠화, 그 천상 귀족의 서자로 잘못 태어나 산야로 내몰린 비비추

 비루하고 추한 피를 이어받아 길고양이 오줌 갈긴 자리나 외출 나온 개 똥 누고 간 자리가 외려 명당이라 양지든지 음지든지 자투리땅에 발톱을 세워 땅굴 파고 마디마디 종족을 늘리며 아파트 높다란 지붕 의로 지나는 낮달을 불러 세우는 질긴 다산족들

 갈봄이 오기 전 철새들은 떠나고 천상에서 지상으로 꿈과 절망을 올리고 내리는 사다리차 굉음 소리도 사라진 어둠 속에서 앉은 자리가 누울 자리라 잠들면 꿈길에 선녀를 만날지도 모른다고 곤히 잠들다 깨어나 꽃대 세워 불 밝히고 하늘 가득한 음표를 더듬어 옥피리 불며 밤을 지새울 뿐

그, 마을

아직 3인칭으로 남아 있는
그, 마을에 가면

새끼를 뗀 어미소가
이웃집 닭들을 불러다 놓고
얼어 죽은 감나무 감싸며
기어오른 칡덩굴 꽃을 피우고

6남매 중 막내아들이라는
제 나이도 모르는 노총각
장애자 연금으로 노모를 봉양한다

모두들 무사하냐
멧돼지 일가가 발자국 편지를 남기고 간
마을회관 뒷마당

벼락 맞은 대추나무 고목이
잠시 내린 단비를 맞아

새순을 키우고
하얀 꽃을 피우고

가끔 장의사 버스가
종일 머물다 가는 동구 밖 빈터에
몰려나와 꼬리를 흔드는 토종개들

우리가 사는 우리 밖
그, 삼인칭의 마을엔
늘 0시를 가리키는
느티나무 해시계, 그늘에
낮잠을 주무시는 바람뿐

고원의 밤

지평선을 넘어가는 양떼구름 따라
온종일 달려가 도착한 하라호름
벽돌 한 장 남지 않고 폐허가 되었다가
다시 일어선 몽골의 옛 수도
유물주의 혁명을 견딘 에르덴조 사원
사리탑이 멀리 보이는 교외
게르에서 여장을 풀고 일찍 잠들었다
뒤가 마려워 깨어난 자정
낮 동안 내리던 비 말끔히 그치고
보름달이 구름 새로 얼굴을 내밀고
별빛이 마구 쏟아져 내렸다
한마디 작별 인사도 없이 떠난 눈빛들
풀을 뜯던 양떼들은 잠이 들었을까
간간히 어미를 잃은 망아지
울음소리 멀리서 들려오고 있었다
백지 한 장 볼펜 한 자루 준비 못 한 채
난로에 남은 장작을 지펴
허공으로 연기만 피워 올렸다

홀로 마유차를 데워 마시며
한기를 몰아내고 여독을 풀었다
석 달 만에 내린다는 단비를 맞아
다투어 피어난 야생화 향기
시계를 풀고 좌표를 잃고
하늘과 땅이 만나는
해발 일천 칠백 미터 고원
어둠 속으로 깊이 침몰했다
부화를 꿈꾸는 번데기처럼

허가(許家)바위 *

아직도 멈추지 않는 물방울
서자(庶子)의 남루를 헤아리고 있다
염병 앓는 무지렁이들 무릎 아래
눕혀놓고 약탕기 가득
풀뿌리 씻어 안치고 석간수 길어 붓고
풀무질로 밤 지새던 무면허 의원
역병 도는 마을로 왕진을 갔나
망태 메고 약초 캐러 갔나
허가바위 비좁은 그늘 속에
솔이끼 우산이끼만 무성히 자라
동의보감 마지막 빈 면을
채우느라 한창이다
아파트촌 비둘기 서넛
다리 절뚝이며 들어서고 있다
상사병 걸린 풀벌레 삼삼오오
기다리다 지쳐 목이 쉬었다
한강을 급히 건너온 구름
자리 펴고 들어앉아 진맥을 한다

비우고 나면 스스로 차오르고

가득히 차오르면 또

빈터가 열리는 게

만병통치 비방의 근본이라고

푸른 처방전을 내민다

* 서울시 강서구 가양동에 호가 '구암'인 허준을 기리기 위해 조성된 '구암공원' 한구석에 바위 절벽이 있다. 그 윗부분은 남성을 상징하는 '구암(龜庵)'이라 하고, 아래쪽에 한강물에 침식되어 뚫린 석굴을 '허가바위' 또는 '공암(孔庵)'이라 한다. 그 '허가바위' 속에서 떨어지는 물방울을 맞으며 의성 허준이 『동의보감』을 지었다는 전설이 전해지고 있다.

새 문장론

난해한 고전을 해독하듯
산길을 더듬거리던 지팡이도 버리고
땀 밴 배낭도 벗어두고
등산객은 어디로 갔나

허리에 매질 자국 선명한 상수리나무
계곡 물웅덩이 속에 거꾸로 잠겨
헝클어진 머리를 씻어 헹구고 있다

벌들이 숨어든 은방울꽃
잠시 흔들리다 팽팽하게 휘어지며
그늘의 깊이를 잰다

수상한 냄새라도 맡은 듯
물음표를 던지며 따라오던
까막까치야, 우짖지 마라

모든 족속들이

혈통도 이름도 다 버린 숲에서
낮게 들려오는 구음에
발목이 젖는다

실바람에 오르락내리락 춤추던
산안개 시나브로 걷히고
두고 온 마을이 아득해지며
새로운 문법이 열린다

빛과 어둠 사이

누가 죽고 누가 태어나는가
창밖엔 눈보라 사나운데
주방 가득 흐르는 이상난류
밥그릇 수저들이 숨 죽이고 엎드려 있다

뿌리/ 머리/ 허리를 동강 낸 채
도마에 밀쳐놓은 대파 토막들
죄 없이 능지처참당하던 그 무녀리들도
기댈 철학이나 종교가 있나 보다

껍질 몇 겹 시들시들 주름지고
누렇게 변해가면서
온몸으로 밀어낸 여린 속 대궁
풋풋한 젖 냄새
새근거리는 숨결

누가 긴 진통을 헤아리다 갔을까
잘린 자리 중심에서

반역처럼 새로 부푸는 손톱달
무명 강보에 싸인 아가
배냇짓처럼 수줍다

아랫목에 6남매 나란히 재워놓고
문풍지 우는 소리에 자주 깨어나
누더기 이불 다독여주던 어머니
선잠을 지켜주던 별들이 이우는 미명
죽음으로 피우는 불씨 한 점

아내여, 어찌 칼을 갈아
또 아침 식탁을 준비하겠는가
산능선 위에 핏물이 번지고 있다

진흙탕에 남기고 온 우리 발자국보다
더 많은 빗살무늬 어지러운 형틀에
어둠이 빛을 낳느라 한창이다

천사의 나팔꽃(Angels Trumphet)

축음기를 발명한 에디슨
귀가 먼 작곡가 베토벤
어디에 머물고 있을까

－금일 휴업

보신탕집 마당귀를 지키는
천사의 나팔

그늘 아래
잠이 깊은 개
가끔씩 귀를 흔든다

운명교향곡
월광소나타

선율이 다 닳은
음반 같은 보름달

북극을 맴돌다

적도를 건너

곧 보신탕집 옥상 위에
떠오를 거라고

서산을 붉게 물들이며
낮게 가라앉다 사라지는
긴 나팔 소리

족두리풀꽃

그 마을엔 어둠이 양식이다

로마 기병들 말발굽 소리에
카타콤으로 숨어든 성도들
손가락 끝에 뜨는 좀별 같은
어둠의 종족들

광풍이 수시로 황사를 몰아 오고
예보도 없이 봄눈이 흩날리는
지상은 싫어

아직도 얼어 있는 흙 속에서
푸른 귀를 세워 올리고
꽃잎을 열어보면

어디서 찾아온 개미 몇 마리
아직은 길을 나설 때가 아니라고
오래 꿈이나 꾸라고

밀어를 속삭이다 갈 뿐

얼마나 어둠이 깊어져야
지평선 넘어가던 님
아지랑이 앞세우고 오는가

족두리 곱게 눌러쓰고
빛 한 줄기 허락되지 않는
낙엽 더미 아래서
추억을 반죽하여 종을 빚는
버려진 이교도들

* 카타콤(catacomb) : 무덤으로 사용하기 위한 벽장이 붙은 좁은 통로나 회랑으로 이루어진 지하묘지. 카타콤베라고도 하며 모든 지하 시설물들을 한데 묶어 가리키는 용어로도 쓰인다. 초기 그리스도교 공동체에서 카타콤은 매장을 비롯해 성인과 순교자에게 기도를 올릴 수 있는 사실상의 성소의 기능을 하기도 했으며 비밀 통로가 있어서 은신처로 이용되기도 했다.

메꽃 광신녀

허공에 달 하나 걸어놓고
시합은 늘 무승부로 끝났다
찌그러진 축구공이 삭아가는
체육공원 울타리 밑 풀밭에
바람이나 드나드는 울타리 쇠창살
씨줄을 감아 오르는 메꽃
신전 공사를 마무리하느라
부조를 새기고 꽃을 수놓는다
더러는 지쳐 시들어 마르고
더러는 읍소하듯 얼굴을 쳐들고 있다
뼈 없는 몸이요 한해살이 목숨이라
온몸으로 주문을 외는 광신녀들
한 방울 이슬로 목을 축이고
햇살을 그리며 오르다 보면
벽도 하늘로 가는 사다리가 된다고
더듬어 오르는 허공의 길
구름이 걷히면 디오니소스가
묶고 매듭을 지어놓은

결승문자를 읽어줄 것이라고
광란의 춤을 추는 마이나데스*

* 마이나데스 : 술의 신 디오니소스를 숭배하는 광신녀 집단으로 '광
  란하는 여자들'이라는 뜻이다.

섬초롱꽃
― 권정생 선생

가난하게 살다 간 사람은
죽어서 섬으로 유배되는가

평생 시골 교회 뒤뜰
여덟 평 단칸방
문 굳게 걸어두고

몽실 언니를 낳고
애기똥풀꽃을 피우며
새벽을 열던 종지기

연필 깎아두고
어디로 갔나

파도도 잠든 해안
절벽 위를 골라 핀
섬초롱꽃

눈먼 이들 들으라고

종을 흔들고 있다
귀 먼 이들 보라고
불 밝히고 있다

지친 갈매기 몇 마리
맴돌고 있다

겨울 청간정

대관령을 넘어온 겨울 철새들
청간정 처마 끝에 모여 앉아
수평선을 바라보고 있다

흐느끼듯 숨을 멈추듯
흐르는 대금 가락에
겨울 바다 파도는 달려와
해벽을 두드리다 되돌아가고

대숲에 깃든 바람은 다시
판소리 한 소절을 주문하며
귀를 세우는데

－쑥대머리 귀신 형상
고수는 명창보다 먼저 북을 두드리며
옥중의 춘향이를 찾는다

한양 간 이 도령은 언제쯤 돌아오려나

애끓는 자진모리 가락에
끼룩끼룩 추임새를 넣다
허공에서 원무를 추는
갈매기 한 쌍

신발을 벗어두고
가얏고 줄을 고르며
춤사위를 재촉하던 신선들은
자리를 비우고 어디로 떠나갔나

바위를 움켜쥐고 겨울을 나는
늙은 해송 몇 그루
가끔씩 어깨를 들썩일 뿐

메밀국수
― 가을 봉평에 가서

효석이 비우고 간 초가집
텃밭에 메밀꽃 이미 지고
―그날도 이렇게 달이 밝은 밤이었네
성 서방네 처녀 첫 인연을 찾아 떠돌던
장돌뱅이 허 생원 못다 푼 사랑 얘기
단풍을 물들이며 산을 타고 내려와
꽃대궁에 매달려 가뭇가뭇 익어갈 뿐
산기슭 가로지르는 고속도로
차바퀴 소리 잠시 사라지는 틈을 타
대화장 보러 산길을 넘어가던
늙은 나귀 워낭 소리 속눈썹을 적신다
집도 혈육도 없이 떠돌다 보면
흘러간 어제가 물레방아 타고 돌고 돌아
내일이 되어 앞에서 다가오고
밤이면 두둥실 달로 떠올라
가파른 산길을 비춰주더라고
뼈 찌르는 여울물 앞장서 건너더라고
마당귀를 지키는 구절초꽃

환히 웃으며 고개를 흔든다
메밀국수 한 대접 다 비울 때까지
산보 간 효석은 돌아오지 않는데
빈 대접에 고이는 산 그림자
끌어 덮고 노래하는 풀벌레
화전에서 캐낸 사투리로
봉평 야화를 이어간다

아크로폴리스에서

여신의 치맛자락 보이지 않고
푸르게 펄럭이는 올리브나무 숲
사이 오솔길을 오르면

목 부러진 여신상
깨어진 로마 문자
쓰러진 신전의 돌기둥
녹슨 대포 파편
뒤섞여 나뒹구는 아크로폴리스

고기압 전선에 낮게 엎드린 아테네시
도심에서 탈출한 길고양이 떼
대리석에 묻은 시린 햇살을 핥을 뿐

흘러간 고대를 복원하는 타워크레인
엔진 소리에 놀라 창백해진 낮달
이국의 길손을 맞이하는데

어느 별에서 날아온 사신들일까
겨울 하늘을 떠받치고 선 돌기둥
위에 내려와 앉은 새들

어제가 오늘이요
내일도 오늘이라며
낯선 방언으로 영가를 부르고 있다

영국사 은행나무 1
— 뼈피리 소리

1

설산 기슭에 사는 어느 부족들은 노승이 입적하면 살을 낱낱이 발라 독수리에게 먹이로 주고 가장 단단한 뼈를 골라 뼈피리를 만들어 가장 사랑하는 제자에게 물려준다고 한다

2

노구 안에 흐르는 물
마지막 노랗게 불태우고
동안거에 들려는 천년 은행나무
앙상한 그림자

뼈피리 음계
품어 안고 서둘러 하산하는
산골 물소리

홍건적의 난을 피해
국청사* 법당에 엎드린 공민왕
자손만대 국태민안 빌던

기도 소리

안데스 산맥을 내려온 잉카의 후예들
와이키키 해변 뒷골목에서 불던
케나(Quena)** 소리

* 고려 공민왕이 홍건적의 난을 피해 머물러 있을 당시의 영국사의 이름.
** 남미의 대표적인 민속악기로 길이 35cm 대나무에 앞에 6개 뒤에 1
  개의 구멍이 뚫렸다.

영국사 은행나무 2
— 은행나무 신전

신전 한 채 완공하는 데
몇 년이 걸리는가
천태산 영국사 산문 앞
은행나무에게 물어보면

천년 해와 달 발자국
가슴 깊이 품어 감추고
우수수 노란 절망을 지울 뿐
묵묵부답이네
아직도 공사 중이라네

영국사 은행나무 3
― 나/너

우리가 나/너
가시 같은 점 하나 떼어버리지 못하고
ㅏ 다르고
ㅓ 다르다고
입씨름하며 산길 오르는 동안

태풍에 가지 내어주고
아물지 않는 상처
스스로 썩혀 만든 둥지에
지친 새 불러들여 재우는
매저키스트

봄밤이면 홀로
짐승처럼 울기도 한다는

영국사 은행나무 4
― 은행나무 어부사

가지 뻗어 투망 엮어 일천 년
하늘 깊이 던지고 사려봐도
노란 비늘
구린내 나는 어란뿐

어두워지면 수면으로 솟아올라
물고기 별자리 다시 눈 뜨는데

맨발로 산을 넘어가기 전
어둔 길 열어주던 지팡이
산비탈에 자리 골라
꽂아두고 갈 일이다

■ 출간의 변

 여섯 번째 시집을 낸다. 시 쓰기에 게을렀기 때문일까. 시인이란 이름을 가진 후 어언 40년 가까운 세월이 흐른 것에 비하면 그리 많은 시집을 내지 못한 것 같다. 그러나 그동안 내가 살아온 길을 돌이켜보면 시는 새로운 하루를 여는 방식이자 결실이었다. 나는 안개에 가려진 채 매 순간마다 다가오는 세계와 그 낯선 손님을 맞이해야 하는 나 자신의 실재를 찾기 위해 시인이란 하찮은 이름을 운명처럼 지켜온 것이다. 사람은 언어로 자기 의사를 표현할 뿐만 아니라 현실에 있는 어떤 대상을 언어로 축조하여 인식하고 그 내용에 따라 대응하며 살기 때문이다.

 인간이 언어를 사용할 줄 아는 호모 로쿠엔스(Homo Loquens)라는 사실은 축복이자 늘 외로움을 천형으로 앓으며 스스로 벗어나야 하는 형벌이다. 언어는 기호 중에서 가장 정밀하게 발달된 것이라 하지만 따지고 보면 그렇지 않기 때문이다. 내가 늘 대면해야 할 나와 세계의 진실은 깊은 어둠 속에 숨어 언어로 끝내 드러나기를 거부하는 불가능성 그 자체가 아닌가. 일탈의 문법을 찾아 쓴 시는 바로 그 숱은 존재의 진실을 천착함으로써 운명적으로 지워진 외로움이란 무거운 짐을 벗고 세계와 참된 만남을 이루고 자유를 누리기 위한 길이라 믿는다. 시「돌의 연가」로 나의 이러한 비극과 고통을 고백하였는데 선배 조명제 시인님께서 알아차리고 월평에서 꼼꼼한 해설을 해주셨다. 이 시는 내가 왜 시를 써야 하는가, 시란 나에게 무엇인가를 함축하고 있다는 생각에 아래에 시와 함께 그 전문을 옮겨본다.

그대가 백지에 얼굴을 그려놓고 돌, 이라 이름 짓는 순간 오히려 나는 돌 속에 갇혀 까마득히 멀어질 뿐 사라지는 나를 잡으려 다시 이름을 지어 부르지만 나는 그대 잠든 사이 봉창을 두드리다 나비 무늬 얼룩만 남기고 가는 바람이거나 그대 사는 마을로 건너가는 나루터에 자욱하게 끼었다가 빈 꽃대만 남기고 해 뜨면 사라지는 물안개 끝내 그대와 나는 온전히 만날 수 없는 운명의 굴레를 쓰고 강 언덕에 올라 서로 구겨진 손수건만 흔들고

독방에 갇힌 채 사형 집행을 기다리는 사형수는 마지막 작별 인사를 하고 떠난 애인의 머리칼에서 풍겨 오던 아카시아 샴푸 냄새에 취해 선잠을 자다 떨어지는 빗방울 소리에 깨어나 돌아오지 않을 애인의 발자국 소리를 헤아리고

그대는 타는 목을 적시느라 물을 다 비운 유리잔 투명한 바닥을 내 가슴이라 여기길 나는 목심을 썩히고 썩힌 고사목이 바람이 불면 들려주는 **뼈** 피리 소리가 그대 목소리인 줄 알고 늘 귀를 씻고 기다리겠네 꽃도 다 지고 눈이 내려 평

행선을 긋던 그대와 나의 발자국을 지워주겠네

비로소 우리는 이름을 버리고 눈에 묻혀 함께 잠들겠네
— 졸시 「돌의 연가」

「돌의 연가」는 언어 현상학이나 기호학적 인식의 방법적 회의(懷疑)를 형상한 특별한 작품이다. 시인이 주제로 삼고 있는 풍경은 '돌'이지만, 돌은 모든 사물적 대상을 상징한다. 곧 사물과 언어와의 기호학적 관계를 심층적으로 파고들면서, 동시에 그런 담론적 사실을 정서화하고 있는 것이다.

돌은 돌을 돌이라고 불러줄 때 돌이 된다. 이런 인식의 방법이나 담론적 회의(懷疑)는 이미 김춘수, 문덕수, 신규호 등등의 여러 시인들에 의해 나름의 방식대로 실천되어왔던 터이다. 문제는 세상은 인간의 언명에 의해 열린 기호의 공간이며, 관념의 세계인 데 있다. 그러니까 꽃이 꽃이 아니듯, 그 자체가 될 수도 없다. "그대가 백지에 얼굴을 그려놓고 돌, 이라 이름 짓는 순간 오히려 나는 돌 속에 갇혀 까마득히 멀어질 뿐"이기 때문이다. 기호의 구조인 기표와 기의 사이는 지극히 자의적(恣意的)이며, 인간의 언어는 본질적으로 자가당착적인 것이다.

인간의 언어 기호는 대상을 근본적으로 건드릴 수 없다는 생각이 마침내 돌을 '나비 무늬 얼룩만 남기고 가는 바람이거나', '해 뜨면 사라지는 물안개'와 같은 것이라고 추상화시켜버린다. 그러므로 끝내 인간(언어)과 사물은 "온전히 만날 수 없는 운명의 굴레를 쓰고 강 언덕에 올라 서로 구겨진 손수건만 흔들고 있는" 풍경인 것이다. 이름(언어)에 갇힌

> 돌(사물)의 풍경을 제2연의 첫머리에서 시인은 "독방에 갇힌 채 사형 집행을 기다리는 사형수"로 빗대고 있다. 그리고 "……기다리겠네 꽃도 다 지고 눈이 내려 평행선을 긋던 그대와 나의 발자국을 지워주겠네//비로소 우리는 이름을 버리고 눈에 묻혀 함께 잠들겠네"라고 끝맺음으로써, 이름 부름과 불림의 주·객체가 사라진, 사물의 원형적 풍경을 설정해 보여준다. (조명제, 『시문학』, 2016년 2월호, 78~79쪽)

축복으로 주어진 언어가 "본질적으로 자가당착적인 것"이라서 "대상의 진실을 건드릴 수 없다"는 조명제 시인님의 말은 곧 언어의 불확실성에 대한 언급일 것이다. 그러나 시인은 그 불확실한 언어를 무기로 광부가 삽과 곡괭이로 지하에 묻힌 금맥을 찾아 캐내듯이 대상의 숨은 진실을 찾아가야 한다. 이미 기표와 기의 사이를 묶은 매듭을 풀고 새로운 질서를 스스로 창조하여 언어의 집을 지어야 한다. 그러나 그 새로 축조한 집도 결국 언어로 지어진 것이라 온전한 진실의 거주지가 될 수 없으니 난감한 일이다. 그래서 시인은 죽어서나 발을 들여놓을 수 있다는 그 진실의 세계를 찾기 위해 끝없이 새로운 소재를 찾고 공법을 스스로 익혀야 하는 고통을 스스로 즐겨야 한다.

그럼에도 불구하고 그 고통을 피하고 남이 말해주는 대로 세계를 이해하고 나의 존재 의미를 확인하기 일쑤였다. 그러는 와중에 틈틈이 써서 발표한 시들을 한 곳에 묶어보기로 하였다. 막상 몇 년 동안 쓴 시를 모아 다시 살펴보니 설익은 것들이 절반이라 더 묵혀두기로 하고 나머지 반을 묶어보았다. 편의상 유사한 시들을 찾아 4부로 나누었으나 그 경계를 구분하기란 쉽지만은 않았다. 그리고 대부분 시집을 내기 전에 독자들의 이해를 돕기 위해 이웃 평론가들에게 해설을 부탁하는 게 통례인 줄 알면서도 그러지 못했다. 혹시라도 독자들의 자유로운 상상을 방해할 수 있다는 나름대로의 생각 때문이었다. 졸작들이 빈말이 될지라도 시의 고삐를 잡고 갈 수밖에 없는 자신의 운명을 확인하고 그동안의 시작에 마디를 지으며 더 앞으로 나아가기 위한 작업이니 독자들 모두께 양해를 구할 뿐이다.

2016년 4월 도봉산 아래에서
김석환

푸른사상 시선

1. 광장으로 가는 길 | 이은봉 · 맹문재 엮음
2. 오두막 황제 | 조재훈
3. 첫눈 아침 | 이은봉
4. 어쩌다가 도둑이 되었나요 | 이봉형
5. 귀뚜라미 생포 작전 | 정원도
6. 파랑도에 빠지다 | 심인숙
7. 지붕의 등뼈 | 박승민
8. 살찐 슬픔으로 돌아다니다 | 송유미
9. 나를 두고 왔다 | 신승우
10. 거룩한 그물 | 조항록
11. 어둠의 얼굴 | 김석환
12. 영화처럼 | 최희철
13. 나는 너를 닮고 | 이선형
14. 철새의 일인칭 | 서상규
15. 죽은 물푸레나무에 대한 기억 | 권진희
16. 봄에 덧나다 | 조혜영
17. 무인 등대에서 휘파람 | 심창만
18. 물결무늬 손뼈 화석 | 이종섶
19. 맨드라미 꽃눈 | 김화정
20. 그때 나는 학교에 있었다 | 박영희
21. 달함지 | 이종수
22. 수선집 근처 | 전다형
23. 족보 | 이한걸
24. 부평 4공단 여공 | 정세훈
25. 음표들의 집 | 최기순
26. 나는 지금 운전 중 | 윤석산
27. 카페, 가난한 비 | 박석준
28. 아내의 수사법 | 권혁소
29. 그리움에는 바퀴가 달려 있다 | 김광렬
30. 올랜도 간다 | 한혜영
31. 오래된 숯가마 | 홍성운
32. 엄마, 엄마들 | 성향숙
33. 기룬 어린 양들 | 맹문재
34. 반국 노래자랑 | 정춘근
35. 여우비 간다 | 정진경
36. 목련 미용실 | 이순주
37. 세상을 박음질하다 | 정연홍
38. 나는 지금 외출 중 | 문영규
39. 안녕, 딜레마 | 정운희
40. 미안하다 | 육봉수
41. 엄마의 연애 | 유희주
42. 외포리의 갈매기 | 강 민
43. 기차 아래 사랑법 | 박관서
44. 괜찮아 | 최은묵
45. 우리집에 왜 왔니? | 박미라
46. 달팽이 뿔 | 김준태
47. 세온도를 그리다 | 정선호
48. 너덜경 편지 | 김 완
49. 찬란한 봄날 | 김유섭
50. 웃기는 짬뽕 | 신미균
51. 일인분이 일인분에게 | 김은정
52. 진뫼로 간다 | 김도수
53. 터무니 있다 | 오승철
54. 바람의 구문론 | 이종섶
55. 나는 나의 어머니가 되어 | 고현혜
56. 천만년이 내린다 | 유승도
57. 우포늪 | 손남숙
58. 봄들에서 | 정일남
59. 사람이나 꽃이나 | 채상근
60. 서리꽃은 왜 유리창에 피는가 | 임 윤
61. 마당 깊은 꽃집 | 이주희
62. 모래 마을에서 | 김광렬
63. 나는 소금쟁이다 | 조계숙
64. 역사를 외다 | 윤기묵